Hector Recibe Audifonos

ADELA VILLALPANDO

GLOBAL
PUBLISHING
SOLUTIONS

HECTOR GETS HEARING AIDS by Adela Villalpando

Published by Global Publishing Solutions, LLC
923 Fieldside Drive
Matteson, Illinois 60443
www.globalpublishingsolutions.com

This book or parts thereof may not be reproduced in any form, stored in a retrieval system, or transmitted in any form by any means—electronic, mechanical, photocopy, recording, or otherwise—without prior permission of the publisher, except as provided by United States of America copyright law.

Copyright © 2024 by Adela Villalpando

All rights reserved.

International Standard Book Number:
9798335950770

Unless otherwise indicated, all the names, characters, businesses, places, events, and incidents in this book are either the product of the author's imagination or used in a fictitious manner. Any resemblance to actual persons, living or dead, or actual events is purely coincidental.

Printed in the United States of America

Reconocimiento

Ante todo, alabanzas y mil gracias a Dios por todas las bendiciones que nos da siempre. Gracias a mi esposo Manuel por ayudarme a lograr mi sueño de escribir este segundo libro. Les doy gracias a mis hijos, Melinda, Nicolas, Rodolfo, y Victor que también me apoyaron en el proceso de escribir este libro. Gracias a mis dos nietos Matthew y Christian por darme su apoyo.

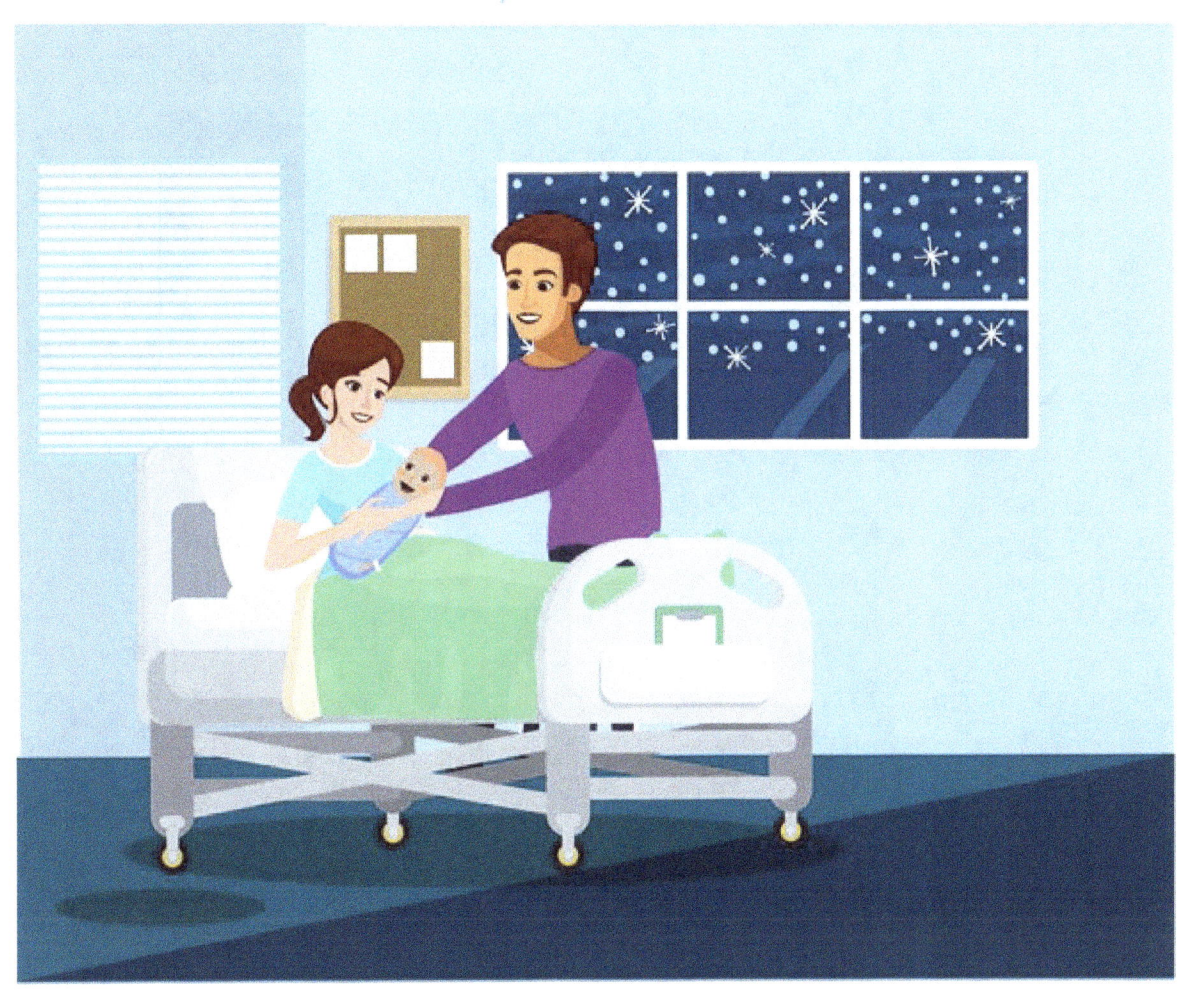

Héctor nació un día frio y ventoso. Sus padres estaban muy contentos porque él era su primer hijo. Los padres de Héctor tenían tiempo de desear tener un hijo.

El Dr. Mark informó a los padres de Héctor que tendría que permanecer en el hospital porque tenía Ictericia. Los padres estaban tristes, pero les dio más tiempo para montar la cuna y terminar de decorar su cuarto.

Unos días más tarde, sus padres recibieron una llamada del Dr. Mark informándoles que Héctor estaba bien. Héctor tuvo una serie de pruebas antes de que se le permitiera irse a casa. Los padres estaban nerviosos pero felices de traerlo a casa.

En su primera noche en casa, Héctor lloró la mayor parte de la noche. A su madre no le importaba levantarse para ver qué le pasaba. Ella muy feliz de que él estuviera en casa.

Hubo otras noches en las que Héctor no pudo dormir. Héctor subió de peso y creció como lo hacen otros bebés.

Héctor superó su cuna, así que consiguió su propia cama. Muy seguido tenía problemas para irse a dormir. Héctor lloraba porque quería acostarse con sus padres. Mamá le leía hasta que se quedaba dormido.

Su padre trabajaba en una tienda de comestibles. Cuando llegaba a casa, iba directamente a donde estaba Héctor. Papá sintió que Héctor no lo escuchaba porque muchas veces no tenía expresión en su cara.

A veces papa le hablaba en el oído y Héctor sonreía. Otras veces papá lo abrazaba y le decía en el oído que lo amaba. Este gesto hacia sonreír a Héctor de oreja a oreja.

Su madre se quedaba en casa y lo cuidaba. Ella hablaba con él y le cantaba. Ella notaba que él se reía cuando ella le cantaba.

En su primer cumpleaños, sus padres celebraron una gran fiesta de cumpleaños para él. Muchos familiares y vecinos acudieron a la fiesta.

Héctor estaba feliz, pero se sentía incómodo con tanta gente en su casa. Tenía dos amigos con los que a Héctor le gustaba estar. Jorge y Mario vivían cerca y jugaban juntos.

Se llevaban bien, pero a veces no se veían durante días porque Héctor no quería jugar con ellos. Algunos días jugaba y hablaba consigo mismo. La mamá de Héctor pensaba que esto era normal.

Hubo otros momentos en que Héctor se enojaba y ordenaba a sus amigos que se fueran de su casa. Jorge y Mario no sabían por qué tenían que irse. Después de que los niños se iban, Héctor se estiraba sus orejas y lloraba.

Cuando Héctor estaba en casa, su padre tenía que repetirse porque Héctor no respondía. Había veces que sus padres sentían que Héctor era un poco distraído.

Otros miembros de la familia le decían a la mamá de Héctor que había algo mal con él porque no hablaba mucho.

La mayoría de las veces, Héctor señalaba lo que quería. Mamá le dio lo que ella pensaba que él quería y no pensó mucho en que él tuviera un problema de audición. Le aconsejaron que hablara con el pediatra de

Héctor.

Mamá se negó a pensar que tenía algo mal Héctor. Ella seguía diciendo que él solo necesitaba estar con otros niños. Cuando Héctor cumplió cuatro años, ella decidió inscribirlo en Pre-k.

Mamá y papá lo inscribieron en Pre-K. El nombre de su maestra era Ms. Mindy Había 20 estudiantes en la clase.

Ms. Mindy les pidio a todos sus estudiantes que le dieran la bienvenida a Héctor. También dijo que era importante que todos lo ayudaran a familiarizarse con la rutina de la clase.

Héctor estaba super emocionado. Le encantó su primer día en la escuela.

Héctor se hizo amigo de Mateo y Cristiano. Héctor participaba en las actividades de la escuela cuando estaba cerca de su maestra. Si Héctor no estaba cerca de la maestra, no hablaba una sola palabra. Se iba a sentarse solo en un rincón a llorar.

Ms. Mindy intentaba que participara en clase, pero él no hablaba con ella ni con los otros niños. Se frustro y comenzó a perder interés en estar en la escuela. Mateo y Cristian no entendían por qué Héctor no jugaba con ellos.

Mateo y Cristiano no entendían por qué Héctor no jugaba con ellos.

Ms. Mindy no se rindió y continuó preguntándole a Héctor por qué no quería unirse a ellos. Finalmente, Héctor dijo: "No puedo oír".

Ms. Mindy llamó a los padres de Héctor y les explicó la situación. Ms. Mindy sugirió que llevaran a Héctor para que le revisaran la audición. Ella dijo que, si Héctor no escuchaba, se quedaría atrás académicamente. También estaba empezando a perder el interés completo en

la escuela y era muy infeliz.

Los padres de Héctor estaban muy molestos. No llevaron a Héctor a la escuela durante tres días. Héctor estaba muy triste y lloraba. Extrañaba estar en la escuela. También extrañaba a Mateo, Cristiano, y especialmente a su maestra.

Como Héctor había estado presente cuando la Sra. Mindy habló con sus padres, sabía que algo andaba mal. Cuando llegó a casa, se sintió triste, enojado y solo. Le preguntó a su madre si podía comprar oídos nuevos, para que pudiera oír bien.

Los padres de Héctor tuvieron una platica con Héctor. Le explicaron que necesitaría ver a su pediatra y posiblemente a un audiólogo. Mamá llamó al pediatra y le explicó que necesitaba una cita con un audiólogo.

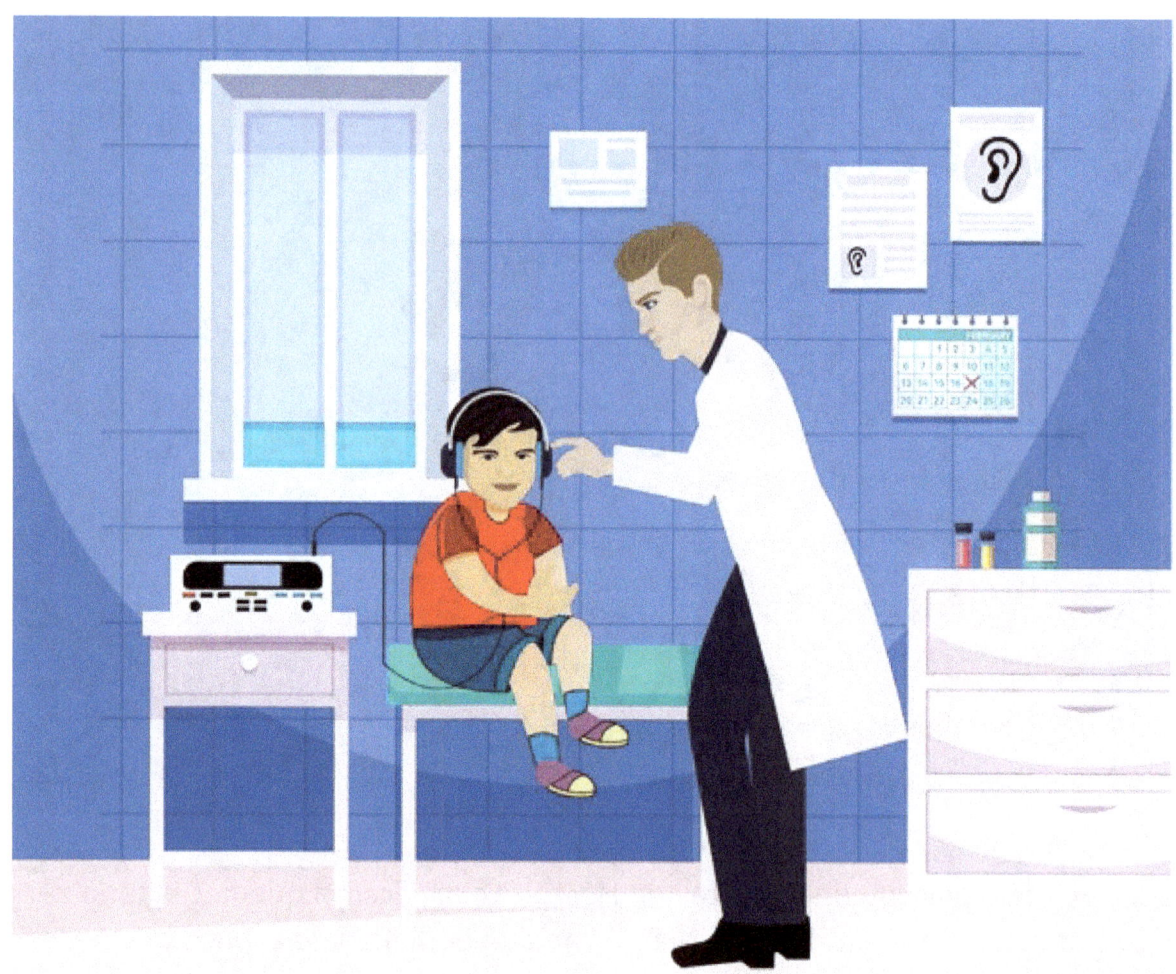

Entonces, la cita se hizo.

Héctor fue a su cita. El Dr. realizó una prueba de audífonos.   El audiólogo confirmó que Héctor necesitaría audífonos. Mamá lloró pero accedió a ordenarlos. Ella le dijo al audiólogo que Héctor los usaría.

Al día siguiente, mamá fue a hablar con Ms. Mindy y compartir con ella lo que había sucedido. Mamá tenía miedo de que los niños se burlaran de Héctor. Ms. Mindy le aseguró que todo estaría bien.

Cinco días después de la cita, Héctor volvió a buscar sus audífonos. Una vez que la enfermera se los puso y los ajustó, Héctor dijo: "Mamá, puedo oír". Los padres de Héctor estaban muy felices de ver a Héctor sonriendo, pero tenían miedo de que Héctor le preguntó a mamá si podía volver a la escuela.

Mamá estuvo de acuerdo en que debía ir a la escuela. Entonces, al día siguiente Héctor estaba de vuelta en la escuela. Cuando Héctor entró en la clase, todos los estudiantes vitorearon: "¡Sí, Héctor ha vuelto!" Matthew y Cristiano estaban muy emocionados de tener a su amigo de vuelta en la clase otra vez.

Mamá lloró, pero estaba feliz de ver a su hijo sonriendo. Héctor estaba feliz de estar allí. Mamá se fue y le dijo a la Sra. Mindy que por favor la llamara si Héctor no tenía ganas de estar en clase para que pudiera recogerlo.

Cuando mamá se fue, la Sra. Mindy habló a la clase sobre cómo algunos niños y adultos necesitan audífonos para oír. Héctor rápidamente tocó sus audífonos y dijo:

"Miren yo, tengo audífonos".

Christian dijo: "¡Guau, ¡qué genial!" Emily dijo: "Parecen radios pequeñas". Matthew agregó: "Voy a decirle a mi mamá que me consiga un par de audífonos". "No", dijo Ms. Mindy a menos que los necesite. Luego explicó que todos tenemos diferentes necesidades. Por ejemplo, algunos niños y adultos necesitan anteojos para ver. Otras personas usan una silla de ruedas porque no pueden caminar y otros pueden necesitar audífonos para oír.

Matthew dijo: "Algunos niños tienen diferentes necesidades, y eso está bien". Sophie dijo: "Eso es cierto mírame, uso anteojos y mi primo no puede caminar, así que tiene que estar en una silla de ruedas".

Toda la clase parecía entender la situación. Los niños estaban emocionados de que Héctor estuviera en su habitación una vez más.

Entonces, al día siguiente Héctor estaba de vuelta en la escuela. Cuando Héctor entró en la clase, todos los estudiantes vitorearon: "¡Sí, Héctor ha vuelto!" Héctor esta otra vez en nuestro clase.

Hector esaba muy contento de estar de vuelta en clase. Pudo escuchar a todos hablar. No podía esperar para irse a casa. Quería decirles a sus padres lo increible que era tener audifonos.

Mateo y Cristiano estaban feliz de tenor a su amigo Héctor con ellos. Héctor finalmente se sintió cómodo siendo parte de la clase.

Durante todo el día, Héctor siguió diciendo: "Este es el mejor día". También le dijo a la Sra. Mindy que le encantaba la escuela.

        Fin

Aunque esta es una historia real, no todas las personas que experimentan alguna pérdida auditiva necesitarán audífonos. En la página siguiente tendrá información valiosa de una especialista en audiólogia.

La Dr. Sandy Magallan es un audiólogista que tiene una su oficina en UT Health RGV donde consulta.

La Dr. Magallan diagnostica y proporciona servicios de audiología y tratamiento para pacientes con enfermedades auditivas que incluyen vértigo, sordera, problemas de equilibrio, tinnitus, trastornos del oído interno, mareos, selecciones de audífonos. La Dra. Magallan está certificada por la Asociación Americana de Audición del Habla y el Lenguaje con su Certificado en Competencia Clínica en Audiología (CCC-A).

SOBRE LA AUTORA

La autora, Adela Villalpando provenía de una familia de diez miembros. Como era la segunda mayor, tuvo que cuidar de todos ellos. Ahí es donde comenzó el amor por cuidar y nutrir a los niños.

La autora ha estado viviendo en un pequeño pueblo llamado Elsa, Texas. Esta pequeña ciudad se encuentra en el Valle del Río Grande. Adela ha estado viviendo allí durante la mayor parte de su vida. Mientras crecía, la familia emigraba a California durante el verano para trabajar en los campos. Unos años más tarde, después de su graduación de la escuela secundaria, se casó con un esposo Manuel Villalpando.

La pareja ha sido bendecida con cuatro hijos llamados, Melinda, Nicolás, Rodolfo y Víctor. Adela también tiene dos nietos, llamados Matthew y Christian. La familia ha tratado de hacer tiempo el uno para el otro, y han creado muchos recuerdos a lo largo de los años.

En la mayor parte de su vida, Adela ha estado asociada con niños. Trabajó para Head Start como maestra en Head Start, directora de un centro de niños, coordinadora de discapacidades y también como coordinadora de familias. También fue activa en la comunidad y enseñó clases bíblicas a niños durante varios años. Adela siempre ha estado intrigada con los niños porque son muy honestos y divertidos.

Ella ha estado enseñando Pre-K y Kindergarten durante los últimos catorce años en Monte Alto I.S. D.

Monte Alto es una comunidad muy pequeña donde todos se unen para ayudar a aquellos que necesitan algún tipo de asistencia.

Ha sido un sueño para Adela ser autora, y su sueño se está convirtiendo en realidad con este libro. Siendo que es educadora, planea seguir escribiendo libros. Le gustaría inspirar a los niños y adultos que son capaces de cumplir sus sueños si trabajan duro en ello.

¡Nunca renuncies a tus sueños!

www.ingramcontent.com/pod-product-compliance
Lightning Source LLC
LaVergne TN
LVHW081509060526
838201LV00056BA/3022